Die Weihnachts-geschichte
Karin Jäckel
Tina Nagel
kaufmann

Maria und Josef im Garten

Die Granatapfelbäume im Garten blühten. Die Blüten sahen wie kleine Kronen aus. Gelb, orange und rot leuchteten sie zwischen den grünen Blättern. Und wie sie dufteten!

Maria hielt ihre Nase dicht daran und atmete tief ein. Gleichzeitig berührte sie einen der glänzenden hellroten Granatäpfel, die zwischen den Blüten heranreiften. „Schau doch, Josef, wie schön sie sind. Bald kann man sie ernten. Dann machen wir wieder Saft, Gewürz, Medizin und Farben daraus."

Josef nickte. Er war Zimmermann und wenn er Zeit hatte, kam er gern zu Maria in den Garten und schaute ihr bei der Arbeit zu. Sie war ein schönes Mädchen mit langen schwarzen Haaren und Josef liebte sie sehr. Vor allem bewunderte er, wie gut sie sich mit allen Pflanzen auskannte, die im Garten wuchsen: Granatäpfel, Oliven, Feigen, Weinreben, Palmen, Myrten und viele mehr.

„Kein Wunder", dachte er. „Schließlich haben ihre Eltern sie schon mit drei Jahren in die Tempelschule gebracht. Und wie viel sie dort von den Schriftgelehrten und den Tempeldienerinnen gelernt hat! Gebete und Lieder, die Geschichten aus den heiligen Büchern, aber auch kochen, nähen, weben, sticken und wie man einen Garten pflegt. Sie wird mir eine gute Frau sein."

Maria hackte das Unkraut unter den Bäumen und Sträuchern weg. Dann sorgte sie dafür, dass alle genug Wasser bekamen, und zupfte ein paar welke Blätter ab. Zuletzt pflückte sie zwei dicke saftige Feigen aus einem Feigenbaum und brachte sie zu Josef an die Gartenmauer.

„Es sind die ersten in diesem Jahr. Magst du?", fragte sie.

Josef freute sich. Reife Feigen waren seine Lieblingsspeise. Vorsichtig brach er zuerst die größte auseinander und reichte Maria eine Hälfte. Sie lächelte ihn glücklich an, während sie aßen.

Als Maria zwölf Jahre alt war, hatten ihre Eltern und die Hohepriester sie mit Josef verlobt. Weil sie noch zu jung zum Heiraten war, hatten sie drei Jahre gewartet. Jetzt war sie 15 und eine junge Frau. Bald schon sollte Hochzeit sein.

„Wenn wir verheiratet sind, pflanzen wir auch einen Feigenbaum", sagte Josef und legte Maria einen Arm um die Schultern.

„Und Granatäpfel", nickte Maria.

Sie freute sich auf die Hochzeit. Josef war ein guter Mann. Wenn er sie ansah, leuchteten seine Augen vor Liebe. Das war schön.

Verkündigung

Die Sonne schien. Maria nahm ihr Tuch, an dem sie gerade stickte, und setzte sich im Garten unter ihren Lieblingsfeigenbaum. Seine großen Blätter spendeten ihr Schatten. Fröhlich lauschte sie den Vögeln, die überall im Garten zwitscherten und sangen. Doch plötzlich bemerkte sie eine Bewegung zwischen den Bäumen und erschrak.

Ein Fremder kam auf sie zu. Er trug ein schneeweißes Gewand, das heller als das Sonnenlicht strahlte, und blickte sie freundlich an. „Sei gegrüßt, liebe Maria“, sprach er sie mit wunderbar klarer Stimme an. „Gott, der Herr, ist mit dir. Er hat dich unter allen Frauen der Welt für etwas Besonderes auserwählt.“

Maria hatte noch nie jemanden wie diesen Fremden gesehen. „Was redet der denn?“, dachte sie und wäre am liebsten weggelaufen. „Und wie komisch der aussieht.“

Der Fremde merkte wohl, was Maria fühlte. Beruhigend lächelte er sie an. „Fürchte dich nicht, Maria. Ich bin ein Engel. Gott schickt mich zu dir. Ich soll dir sagen, dass du bald ein Kind zur Welt bringen wirst. Es wird ein Junge sein, und du sollst ihn Jesus nennen. Er wird den Menschen von Gott erzählen, den Armen wird er helfen und die Kranken wird er wieder gesund machen. Er wird ein König sein, dessen Königreich nie endet.“

„Ich? Ein Kind? Das kann nicht sein.“ Maria schüttelte den Kopf. „Wie soll das wohl geschehen?“, fragte sie. „Zum Kinderkriegen müsste ich ja mit einem Mann zusammen sein. Ich bin aber noch gar nicht verheiratet und habe keinen Mann.“

Der Fremde nickte, und das Licht, das von ihm ausstrahlte, schien noch heller zu leuchten als zuvor. Er lächelte wieder. „Bei Gott“, sprach er, „bei Gott ist nichts unmöglich. Er lässt das Kind in deinem Bauch entstehen. Darum wird man das Kind, das du zur Welt bringen wirst, auch Gottes Sohn nennen.“

Staunend sah Maria den Fremden an und dachte lange nach. Sie erinnerte sich an Geschichten aus den heiligen Schriften, in denen Engel vorkamen. Immer waren sie von einem hellen Licht umgeben, das strahlender war als jedes andere Licht. Immer brachten sie eine Botschaft von Gott.

Da glaubte Maria, was der Fremde gesagt hatte, und freute sich, dass Gott ihr seinen Engel geschickt hatte. Sie faltete die Hände und sagte: „Gott ist mein Herr. Es soll alles so kommen, wie Gott will.“

Im gleichen Moment verschwand der Engel zwischen den Bäumen und war fort.

Josef will Maria nicht mehr heiraten

Als der Engel verschwunden war, blieb Maria eine Weile im Garten sitzen. Der Engel hatte zwar gesagt: „Fürchte dich nicht", doch Maria hatte trotzdem Angst. Sie liebte Gott und wollte ihm gern gehorchen. Aber sie war nicht verheiratet. Und wenn ein junges Mädchen, das keinen Mann hatte, ein Kind bekam, spotteten alle Leute darüber. Niemand wollte so ein Mädchen heiraten. Vielleicht würde Josef sie auch nicht mehr heiraten wollen?

„Lieber Gott", betete Maria, „mach, dass mein Josef glaubt, was ich ihm sage."

Sie dachte daran, was der Engel ihr versprochen hatte: „Gott ist mit dir." Das gab ihr Kraft und Mut. Langsam stand sie auf und machte sich auf den Weg zu Josef.

Josef saß draußen im Hof am Tisch. Aus einem großen Topf, der an einer Kette über der offenen Feuerstelle hing, dufteten Linsen und Hammelfleisch. „Maria, das ist aber eine Überraschung", freute sich Josef und nahm sie in die Arme. „Komm, setz dich und iss mit mir."

Doch Maria blieb stehen. Sie dachte ganz fest an den Engel Gottes, legte ihren Mund an Josefs Ohr und flüsterte: „Ich habe heute erfahren, dass ich ein Kind bekomme."

„Ein Kind? Was redest du da?", erschrak Josef. „Und von wem bekommst du ein Kind? Wer ist der Vater?"

„Gott", antwortete Maria. „Ein Engel kam heute zu mir in den Garten und verkündete mir, dass Gott mich dazu auserwählt hat, die Mutter seines Sohnes Jesus zu werden." Und dann erzählte sie alles, was sie mit dem Engel im Garten erlebt hatte.

Josef stand nur da und schüttelte den Kopf. „Das glaube ich dir nicht, Maria. Das hast du dir bloß ausgedacht. Sag lieber die Wahrheit. Wer ist der Mann, mit dem du ein Kind bekommst?"

„Ich weiß nichts von einem Mann", antwortete Maria. „Ich liebe dich, Josef, und will dich heiraten. Aber es ist so, wie ich gesagt habe. Gott hat mich dazu auserwählt, dass ich ein Kind bekomme. Deshalb hat Gott mir seinen Engel geschickt. Und der Engel hat es mir gesagt. Bitte, Josef, du musst mir glauben. Ich würde dich niemals anlügen."

Josef trat ein paar Schritte zurück. „Es tut mir leid, Maria. So eine Geschichte kann ich einfach nicht glauben."

Traurig sah er Maria an. „Am besten gehe ich weit fort. Dann kannst du den Vater des Kindes heiraten und musst nicht mehr lügen. Ich wünsche dir alles Gute, Maria. Aber heiraten will ich dich jetzt nicht mehr. Leb wohl."

Josef hat einen Traum

Josef war sehr unglücklich. Er liebte Maria von Herzen. Aber wenn sie einen anderen Mann lieber hatte als ihn, konnte er sie nicht heiraten. Langsam begann er, seine wichtigsten Sachen in einen Sack zu packen: sein Handwerkszeug, ein paar Kleidungsstücke, etwas Geld, Brot und Käse und einen Schlauch mit Wein.

„Ich werde mir weit weg von hier Arbeit suchen", nahm er sich vor. „Gleich morgen früh, wenn die Sonne aufgeht, sattle ich meinen Esel und reite fort. Dann kann Maria den anderen Mann heiraten und mit ihm und ihrem Kind glücklich sein."

Als sein Reisesack fertig gepackt war, legte Josef sich zu Bett. Er war müde, doch er konnte nicht einschlafen. Immerzu musste er an Maria denken.

Auf einmal merkte er, dass ein Fremder bei ihm im Zimmer stand. „Heh", wollte Josef rufen. „Wer bist du? Was willst du hier?" Doch der Fremde hob gebieterisch die Hand und Josef brachte keinen Ton heraus.

Jetzt erst sah Josef, wie groß der Fremde war. Er war mit einem schneeweißen Gewand bekleidet, das bis auf die Füße reichte. Rings um ihn herum strahlte und leuchtete es, als wäre es plötzlich nicht mehr dunkle Nacht, sondern heller Tag. Ernst und doch freundlich sah er Josef an.

„Fürchte dich nicht", begrüßte er ihn, und Josef dachte, noch nie eine so wunderschöne Stimme gehört zu haben. „Gott schickt mich zu dir. Ich soll dir sagen, dass du Maria heiraten sollst. Sie hat keinen anderen Mann lieber als dich. Das Kind, das sie zur Welt bringen wird, ist Gottes Kind. Gott hat Maria ausgewählt, die Mutter des Gotteskindes zu sein."

Josef hörte staunend zu.

„Das Kind wird ein Junge sein", fuhr der Fremde fort. „Du sollst ihn Jesus nennen und für ihn sorgen. Und Gott wird mit dem Kind sein."

„Genauso hat Maria es mir schon erzählt", dachte Josef und schlug die Augen auf. Da sah er, dass die Sonne soeben aufgegangen war. Rot schimmerte die Morgendämmerung durch die Ritzen in den Fensterläden. Der Fremde und das glänzende Licht aber waren fort.

Rasch stand Josef auf. Ohne zu frühstücken, eilte er zu Maria und klopfte laut an die Haustür.

„Maria", rief er. „Maria, komm bitte heraus. Ich muss dir etwas sagen." Maria öffnete ihm sofort. „Was ist denn passiert?", wollte sie fragen, doch Josef nahm sie fest in die Arme und gab ihr einen Kuss. „Maria", flüsterte er dicht an ihrem Ohr. „Maria, ich glaube dir jetzt. Gottes Engel war auch bei mir und hat mir alles erklärt. Verzeih mir, dass ich dir nicht geglaubt habe."

Glücklich nahm Maria seine Hand. „Komm herein, Josef. Jetzt wird alles gut."

Maria und Josef heiraten

Viele Gäste waren gekommen, um mit Maria und Josef Hochzeit zu feiern. Frühmorgens waren sie alle zusammen mit Josef losgezogen, um Maria bei ihren Eltern abzuholen und zu Josef in ihr neues Zuhause zu bringen. Viele Männer trugen brennende Fackeln, um den Weg zu erleuchten. Andere bliesen auf Schofar-Hörnern, die sich wie Posaunen anhörten und aus den krummen Hörnern von Schafsbocken angefertigt wurden. Wieder andere riefen laut: „Der Bräutigam kommt!" Und von überall liefen Leute herbei, sodass der Hochzeitszug immer länger wurde.

Auch Maria und ihre Eltern hörten die Musik und die Rufe schon von weitem und sahen den Fackelschein näher kommen. Maria war aufgeregt. Ihre Mutter und ihre Freundinnen hatten ihr geholfen, das Hochzeitskleid anzulegen und ihre Haare mit Blüten zu schmücken. Jetzt reichte Marias Vater ihr seinen Arm und führte die Braut dem Bräutigam entgegen.

Strahlend vor Glück nahm Josef Marias Hand und küsste sie auf den Mund. Da jubelten die Hochzeitsgäste und ließen das Brautpaar mit Hörnerklang hochleben.

Mittags war alles für das Hochzeitsmahl vorbereitet. Die lange Festtafel war mit den besten Tischtüchern und dem schönsten Geschirr eingedeckt. Ochsen und Schafe brieten am Spieß. Brot, Oliven, frisches Obst und allerlei Gemüse füllten große Schalen auf dem Tisch. Köstlicher Wein stand in Krügen bereit. Und für jeden Gast gab es ein frisches Hochzeitsgewand.

Ein Priester legte Josef und Maria seinen Gebetsschal über die Köpfe. Das sollte bedeuten, dass sie von nun an zusammen in einem Haus leben und ein gemeinsames Dach über dem Kopf haben würden. Dann las er sieben Hochzeitssprüche aus den heiligen Schriften vor und ließ Maria und Josef einen Schluck Wein aus einem besonders schönen Becher trinken. Nun waren sie verheiratet.

Als alle dem Brautpaar gratuliert hatten, setzten Maria und Josef sich auf ihre Ehrenplätze in der Mitte der Hochzeitstafel und ein fröhliches Schmausen begann.

Später stellten sich die jungen Mädchen und Frauen im Kreis um Maria und Josef auf und nahmen sich singend bei den Händen. In ihrer Mitte tanzte das Brautpaar den Hochzeitstanz. Bald tanzten alle anderen mit und man feierte, bis der Himmel voller Sterne hing.

Maria und Josef freuen sich auf das Kind

Immer öfter spürte Maria, wie sich das Kind in ihrem Bauch bewegte. Es strampelte mit den winzigen Füßen und Händen. Wenn man genau hinblickte, konnte man manchmal kleine Beulen erkennen, die sich unter der Haut auf ihrem Bauch abzeichneten.

„Sieh doch, Josef", rief Maria dann. „Das Kind wächst. Bald wird es zur Welt kommen."

„Ich habe das Kinderbett fast fertig", rief Josef zurück. „Ich will nur noch etwas Schönes auf das Holz schnitzen."

Maria freute sich. Sie hatte schon viele Meter feinsten Stoffs gewebt. Er war so weich und zart, dass man ihn kaum auf der Haut spürte. Daraus nähte Maria winzige Hemdchen für den kleinen Jesus. Auch viele Tücher hatte sie daraus zugeschnitten. Damit wollte sie ihn wickeln.

Nach der Arbeit im Haus und im Garten umsäumte sie die Tücher mit dünnem Garn, damit die Ränder nicht ausfransten. Die fertigen Tücher wusch sie aus und legte sie in die Sonne. Das Licht bleichte den Stoff aus, bis er beinahe so weiß war wie die Blüten der Lilien auf dem Feld.

Manchmal kam Marias Mutter zu Besuch. Sie brachte zarte Lammfelle für das Kinderbett mit. Darauf sollte das Baby liegen und es weich und warm haben. Sogar Spielzeug hatte sie gebastelt. „Ich habe den allerkleinsten Granatapfel genommen, den ich finden konnte", sagte sie. Dabei zeigte sie eine winzige getrocknete Frucht, in der es beim Schütteln leise rasselte. Maria lächelte. Sie freute sich, dass alle ihr Kind schon lieb hatten, noch ehe es auf der Welt war.

An manchen Tagen musste sie aber auch an den Engel denken, der ihr von dem Kind erzählt hatte. Liebevoll legte sie dann die Hand auf ihren Bauch und streichelte darüber. „Du bist Gottes Sohn", flüsterte sie dem Kind darin zu. „Der Engel hat gesagt, du wirst ein König sein, dessen Königreich nie endet. Aber du bist auch mein Kind. Ich bin deine Mutter und immer für dich da. Und mein liebster Josef sorgt für uns beide."

Josef bekommt eine schlimme Nachricht

Maria knetete soeben den Teig für das Fladenbrot, das sie zum Mittagessen backen wollte, als sie Josef rufen hörte. „Maria! Maria! Ich muss dir etwas sagen!“ Seine Holzschuhe polterten auf den Steinen, die den schmalen Weg zum Haus pflasterten.

Schnell klopfte Maria sich das Mehl von den Händen und eilte Josef entgegen. „Was gibt es denn? Ist etwas passiert?“

Josef nahm sie in den Arm und führte sie zu einem großen flachen Stein, auf dem man wie auf einer Bank sitzen konnte. „Du weißt ja, dass der Kaiser in Rom über Israel herrscht. Nun will er alle Leute im Land zählen lassen. Darum muss jeder Mann mit seiner Familie in den Ort kommen, in dem er geboren wurde. Und zwar sofort.“

Maria legte erschrocken die Hand auf ihren Bauch. Er war so rund und fest wie ein dicker Ball. Die Hebamme, die ihr bei der Geburt helfen würde, hatte gesagt, es sei bald so weit. Höchstens zwei Wochen noch. Das war viel zu wenig Zeit für eine so weite Reise bis nach Bethlehem, wo Josef geboren war.

„Das geht nicht, Josef“, meinte Maria und schüttelte den Kopf. „Ich kann nicht mehr so schnell gehen. Wir müssten viele Pausen machen. Wir wären sicher eine oder zwei Wochen unterwegs. Bergauf, bergab, bei jedem Wetter und immer zu Fuß. Das geht wirklich nicht, Josef. Das ist viel zu anstrengend. Das schaffen wir nicht, ehe das Kind kommt.“

„Es tut mir leid, Maria“, antwortete Josef. „Wir müssen es schaffen. Wer dem Kaiser nicht gehorcht, wird schwer bestraft. Seine Soldaten würden mich ins Gefängnis werfen. Was sollte dann aus dir und dem Kind werden?“

Schweigend lehnte Maria sich an Josefs Schulter. Das Kind in ihrem Bauch war auch ganz still. Ein Vogel setzte sich in den Apfelbaum hinter dem großen Stein, auf dem sie saßen, und begann zu singen. Es klang süß und tröstlich. Da atmete Maria tief durch und stand auf.

„Dann lass uns ein paar Sachen für die Reise zusammenpacken, Josef“, sagte sie und zog ihren Mann mit sich zum Haus. „Gott ist mit uns. Wir werden es schon schaffen.“

Unterwegs nach Bethlehem

Der Weg von Nazareth, wo Maria und Josef wohnten, bis Bethlehem führte über steile Berge, durch dunkle Wälder und durch fruchtbare Täler, von denen aus man wieder den nächsten Berg ersteigen musste. Es ging an sprudelnden Quellen und an Olivengärten vorbei, durch Flusstäler und Wüstengebiete, aber auch über Weiden mit vielen Schafen. Schon gleich am ersten Tag mussten sie über einen schmalen gewundenen Pfad auf einen Berggipfel klettern.

Maria atmete schwer und musste immer wieder stehen bleiben. Josef hielt ihre Hand und half ihr, so gut er konnte. Trotzdem war es furchtbar anstrengend, über Wurzeln und Steine zu steigen und die ganze Zeit steil bergauf zu klettern. Bald schon taten Maria die Füße und der Rücken weh.

„Ein Glück, dass wir unseren Esel haben“, schnaufte Maria, als sie endlich auf dem Berg angelangt waren und rasten konnten. „Wenn wir auch noch unser Gepäck tragen müssten, wäre alles noch viel schlimmer.“

Josef nickte. Er brachte ihr den Trinkschlauch und ein Stück Brot und band den Esel an einen Baum, damit er nicht fortlaufen und trotzdem grasen konnte. Eine Weile ruhten sie sich aus, aßen und tranken und genossen die herrliche Aussicht vom Berg ins Tal hinunter. Doch bald mussten sie weiter, denn erst in der Ebene konnten sie übernachten.

So ging es jeden Tag. Frühmorgens brachen Maria und Josef auf, rasteten gegen Mittag und suchten sich bei Einbruch der Dunkelheit einen Schlafplatz. Manchmal legten sie sich in einer Höhle oder unter einem Baum nieder. Manchmal luden Bauern sie zum Essen ein. Manchmal durften sie bei Hirten übernachten. Trotzdem wurde Maria immer schwächer. Schließlich nahm Josef dem Esel das Bündel mit ihren Sachen ab und trug es selbst, damit Maria auf dem Esel reiten konnte.

Endlich da

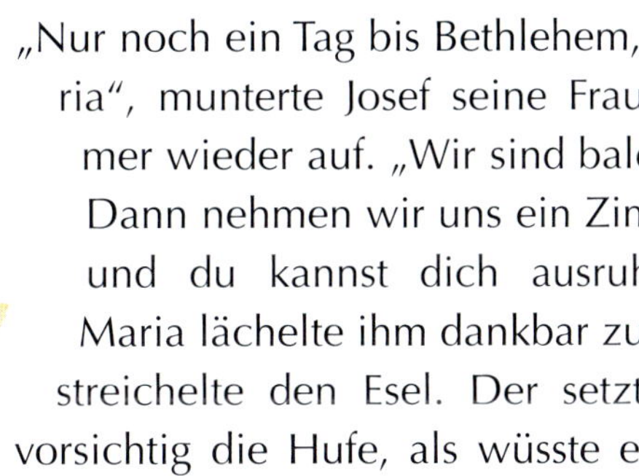

„Nur noch ein Tag bis Bethlehem, Maria“, munterte Josef seine Frau immer wieder auf. „Wir sind bald da. Dann nehmen wir uns ein Zimmer und du kannst dich ausruhen.“ Maria lächelte ihm dankbar zu und streichelte den Esel. Der setzte so vorsichtig die Hufe, als wüsste er genau, wie erschöpft sie war.

Viele Menschen waren nach Bethlehem unterwegs. Die meisten mussten sich ebenso wie Maria und Josef in einem bestimmten Haus bei den römischen Soldaten melden und in eine Liste eintragen. Einige Leute zogen zu Fuß dahin, andere fuhren auf einem Karren, der von einem Esel gezogen wurde. Wieder andere ritten hoch zu Ross oder auf einem Kamel und führten ihre Diener mit sich, die schwere Warenbündel auf dem Rücken schleppten. Dazwischen marschierten immer wieder Trupps der römischen Soldaten des Kaisers. Bei jedem Schritt staubte es unter ihren gepanzerten Stiefeln und ihre blinkenden Rüstungen klirrten und klapperten im Takt dazu. „Platz da!“, brüllten sie, wenn jemand nicht sofort zur Seite sprang. Und wenn es nicht schnell genug ging, stießen sie jeden grob beiseite oder schlugen mit der Peitsche oder der breiten Seite ihrer Schwerter zu.

Sobald Josef einen Soldaten sah, beeilte er sich, den Esel zur Seite zu lenken. Doch neben dem Straßenrand ging es steil bergab. Es blieb nur ein schmaler Streifen Gras oder Geröll, fast zu wenig für die Eselshufe und Josefs Sandalen. Angstvoll legte Maria die Hände auf ihren Bauch und machte die Augen zu, um nicht in die Tiefe sehen zu müssen. Doch immer wieder ging alles gut.

Als sie endlich die Schutzmauer und dahinter die Häuser von Bethlehem vor sich sahen, wischte Maria sich eine Glücksträne aus den Augen. Josef lachte ihr erleichtert zu. Und der Esel schüttelte seine langen Ohren, als ob auch er wüsste, dass sie ihr Ziel erreicht hatten.

„Mitten im Ort gibt es einen Brunnen, der nie austrocknet“, erzählte Josef. „Dort können wir uns endlich einmal wieder nach Herzenslust satt trinken.“

Neugierig sah Maria sich um. Viele Häuser gab es in Bethlehem nicht. Aber eines war besonders groß. „Das ist die Herberge. Die Händler halten dort an, wenn sie mit ihren Kamelen und Waren herkommen“, erklärte Josef und drückte Marias Hand. „Jetzt ist alles gut.“

Herbergssuche

Die Herberge in Bethlehem war das stattlichste Haus im Dorf. Es hatte zwei Stockwerke und ein flaches Dach, auf dem man bei großer Hitze im Freien schlafen konnte. Im untersten Stockwerk waren die Kamele und Waren der Händler untergebracht. Im Stockwerk darüber gab es ein Gasthaus und Schlafkammern. Doch als Josef den Wirt um ein Zimmer bat, schüttelte dieser nur den Kopf. „Tut mir leid. Das Haus ist voll. Ich habe kein Bett mehr für euch."

Josef versuchte es noch einmal: „Bitte, Wirt, wir haben einen weiten Weg hinter uns. Meine Frau ist am Ende ihrer Kräfte. Gib uns wenigstens für sie ein Bett. Ich kann draußen schlafen. Aber sie braucht Ruhe. Ich bitte dich."

„Ich würde euch ja gern helfen", bedauerte der Wirt. „Aber wo nichts ist, da ist nichts. Versucht es anderswo. Vielleicht haben andere Leute etwas frei."

„Dann lass uns schnell bei anderen fragen, Josef", bat Maria. „Mit Gottes Hilfe werden wir schon eine Unterkunft finden."

Josef schaute sich nachdenklich um. Er war bereits so lange aus Bethlehem fort. Von den Menschen, die er von früher kannte, wohnte niemand mehr hier. Die Häuser sahen alle ähnlich aus. Fast alle waren aus Felsgestein gebaut und hatten ein flaches Dach. Im Hof liefen Schafe, Ziegen und Hühner herum. „Wir klopfen einfach überall und fragen jeden", beschloss Josef und zog den Esel mit Maria hinter sich her.

Als er vor dem ersten Gartentor stehen blieb, kam eine Frau herbei. Sie hatte vor dem Haus gesessen und Getreide zwischen zwei Steinen zu Mehl gemahlen. Mit einer Verbeugung stellte Josef sich und Maria vor. „Wir kommen aus Nazareth und suchen einen Schlafplatz für die Nacht. Kannst du uns helfen?"

„Wir haben nur ein Zimmer für meinen Mann, mich und unsere sechs Kinder", antwortete die Frau. „Aber unser Nachbar hat eine Extrakammer. Vielleicht ist sie noch frei."

Doch der Nachbar hatte Besuch von Verwandten bekommen. „Fragt mal gegenüber", riet er. „Dort gibt es zwei Zimmer im Haus."

Kaum hatte Josef angeklopft und seine Frage gestellt, schmiss der Hausherr ihm wütend die Tür vor der Nase zu. „Schert euch fort, ihr Bettelpack", schrie er, „sonst macht mein Hund euch Beine."

Und so ging es überall. Manche Leute waren freundlich, andere unfreundlich. Und keiner hatte Platz für Maria und Josef.

Ein Strohlager im Stall

Maria war so müde, dass sie beinahe vom Esel gefallen wäre. Im letzten Augenblick fing Josef sie auf. Schnell half er ihr, sich wieder gerade hinzusetzen. Das war gar nicht so einfach, denn als Sattel hatte Maria nur einen Teppich, der ganz leicht verrutschte.

„Wir müssen es noch einmal bei der Herberge versuchen", murmelte Josef. „Vielleicht gibt der Wirt uns ein Zimmer, wenn ich ihm unser ganzes Geld anbiete."

„Mach dir nicht so viele Sorgen, lieber Josef", antwortete Maria. „Gott steht uns bei. Ich habe keine Angst." Josef nickte und zog den Esel hinter sich her zur Herberge hin.

Der Wirt hatte das Paar bereits kommen sehen. „Was wollt ihr denn schon wieder hier?", schimpfte er ärgerlich. „Ihr hört wohl schlecht? Ich habe euch doch gesagt, dass ich kein Bett für euch habe."

„Aber wir brauchen Hilfe", rief Josef verzweifelt. „Meine Frau ist schwanger und wird bald ihr Kind bekommen."

Der Wirt wollte sich schon abwenden und gehen, da schob sich hinter ihm eine Frau auf die Türschwelle. Mitleidig sah sie Maria an. „Sieh doch, lieber Mann", murmelte sie und legte dem Wirt ihre Hand auf den Arm. „Sieh doch, wie erschöpft sie ist. Sie kann wirklich nicht mehr weiter. Stell dir vor, ich wäre es und unser Kind würde bald zur Welt kommen."

Der Wirt zögerte. „Du hast ja recht, Frau", brummte er. „Aber was soll ich machen? Jemand aus dem Haus werfen, damit sie ein Bett hat?"

Seine Frau schüttelte den Kopf. „Vielleicht kannst du sie im Stall unterbringen? Dort hinten, hinter dem Haus. Wo unser Ochse steht."

„Wenn sie damit zufrieden sind?", meinte der Wirt.

„Wir sind mit allem zufrieden", antwortete Maria leise.

Da nahm die Wirtin den Esel am Zaumzeug und führte Maria und Josef zum Stall. Josef sah ihn sich genau an. Der Stall war eine Höhle, die man ausgebaut hatte. Eine Wand war halb eingesunken. Aber das Dach hielt noch.

„Ich habe heute Morgen frisches Stroh hereingebracht", erklärte die Wirtin und zeigte in eine Ecke. Dort lag tatsächlich ein großer Haufen goldgelben Strohs. Dankbar lächelte Maria der Wirtin zu und streckte die Arme nach Josef aus, der ihr vom Rücken des Esels herunterhalf.

Ein Stern geht bei den Hirten auf

Allmählich wurde es dunkel. Die Hirten auf den Weiden pfiffen nach ihren Hütehunden. Diese wussten sofort, was sie tun sollten. Eifrig rannten sie um die Schafe herum und trieben alle zusammen. Dann führten sie die Herde mit den Hirten in Richtung Stall.

Sobald die Sonne untergegangen war, mussten die Schafe besonders gut beschützt werden. Das wussten die Hirten und ihre Hunde genau. Im Schutz der Dämmerung schlichen nämlich Wölfe aus den Wäldern auf die Weiden hinaus. Auf flinken Pfoten huschten sie lautlos heran. Mit ihren scharfen Ohren und Augen und weil sie sehr gut riechen konnten, entdeckten die Wölfe jedes Schaf, das sich verlaufen hatte oder verletzt war. Und sofort machten sie darauf Jagd.

Zum Glück waren die Hirten und ihre Hunde stark und mutig. Deshalb gelang es ihnen oft, die Wölfe mit ihren spitzen Hirtenstöcken oder einem Steinwurf mit der Schleuder zu vertreiben. Aber manchmal waren die Wölfe schneller oder stärker. Dann schnappten sie sich das Schaf und fraßen es auf. Deshalb suchten die Hirten nach jedem Schaf, das sich verlaufen hatte, und trugen es auf den Armen zum Stall, wenn eines krank oder verletzt war. Und immer achteten sie darauf, rechtzeitig mit ihren Tieren in Sicherheit zu sein.

Auch an diesem Abend waren alle Schafe gut im Stall angekommen. Einer der Hirten schob die Stalltür zu und den schweren Riegel vor. Nun konnte kein Schaf mehr heraus und kein Wolf hinein. Andere Hirten zündeten ein Lagerfeuer an. Dann nahmen alle ihre Vorratsbeutel und legten sich zum Essen um die wärmenden Flammen herum.

Einer, der schon satt war, rollte sich auf den Rücken und schaute zum Himmel hoch. Er liebte es, in die Sterne zu sehen. Doch diesmal war der Himmel nicht wie sonst. Ein Stern stieg daran empor, wie der Hirte nie zuvor einen gesehen hatte. Er war so groß und hell wie eine kleine Sonne und zog eine Spur hinter sich her, die glänzte und schimmerte wie ein ganzer Sternenregen.

„Seht doch nur, Freunde“, rief der Hirte und zeigte aufgeregt mit dem Finger empor. „Ein Riesenstern, ein Wunderstern. Und jetzt, jetzt bleibt er stehen. Genau über Bethlehem.“

Staunend standen alle Hirten auf und starrten zum Himmel empor. Selbst ihre Hunde waren ganz still.

Drei Weise aus dem Morgenland sehen einen Stern

Weit weg von Bethlehem erstreckt sich das Morgenland. Es heißt so, weil es im Osten liegt und die Sonne an jedem Morgen im Osten aufgeht. Drei kluge Männer lebten dort, die sich besonders gut mit Sternen auskannten. Deshalb wurden sie Weise oder Sterndeuter genannt. Ihre Namen waren Kaspar, Melchior und Balthasar.
Eines Abends standen sie wieder zusammen auf einem hohen Turm und betrachteten den Himmel und die Sterne. Da sahen sie, wie ein Licht zwischen den anderen Sternen auftauchte, das unendlich viel heller und strahlender war als jedes andere Sternenlicht.
„Was ist das?", riefen die drei Weisen laut. „So etwas Herrliches haben wir ja noch nie gesehen."
Schließlich meinte Kaspar: „In unseren Büchern steht doch, dass in Israel bald ein neuer König geboren wird. Ein heller Stern soll über dem Ort aufgehen, an dem das Kind zur Welt kommt. Ob damit dieser Stern gemeint ist?"
„Dann kommt, lasst uns dem Stern folgen und den neuen König begrüßen", schlug Melchior vor. Damit war auch Balthasar einverstanden.
„Und welches Begrüßungsgeschenk nehmt ihr dem neuen König mit?", wollten die Frauen der drei Weisen wissen. Einem König musste man ja etwas Besonderes schenken.
„Ich nehme eine goldene Krone für den König mit", beschloss Melchior.
„Dann schenke ich ihm eine Schale mit Myrrhe-Körnern. Wenn man die Körner verbrennt, duften sie königlich gut", rief Kaspar.
„Und ich bringe Weihrauch für ihn mit", sagte Balthasar, „denn Weihrauch ist der Duft Gottes und genau richtig für einen König."
Da wickelten die Frauen die Geschenke in prächtige Tücher ein. Die Dienerinnen packten Kleidung und Lebensmittel für die Reise zusammen. Die Knechte sattelten die Kamele. Und die drei Weisen machten sich auf den Weg.

Im Licht des Sterns

Auch Maria und Josef sahen den großen Stern, der über dem Stall am Himmel erstrahlte. „Gott sei Dank ist er da", freute sich Josef. „Ohne ihn hätten wir hier drinnen ja gar kein Licht."

„Bestimmt hat Gott ihn geschickt, damit wir wissen, dass er bei uns ist", nickte Maria. Sie hatte sich tief in das frische Stroh gekuschelt und streichelte dem Ochsen die Stirn, der neben ihr lag und behaglich wiederkäute. Das Sternenlicht glänzte in seinen großen braunen Augen. Und wenn er ausatmete, wehte seine Atemluft über Maria hinweg und wärmte sie.

Den ganzen Tag hatte der Ochse schwer gearbeitet. Zuerst hatte er auf dem Feld den Pflug durch die Ackerfurchen und später auch noch einen schweren Wagen, der mit Weinfässern beladen war, zum Markt gezogen. Jetzt war er froh, seine Ruhe zu haben.

Auch der Esel hatte es sich gemütlich gemacht. Josef hatte ihn neben den Ochsen an die Futterkrippe geführt. Und der Ochse hatte es sich brav gefallen lassen, dass plötzlich ein fremder Gast von seinem Futter fraß. Der Esel hatte sich Disteln und andere Leckerbissen aus dem Heu gezupft. Als Josef ihm das verschwitzte Fell mit einem Büschel Stroh abrieb, wackelte er vor Behagen mit den Ohren.

Keiner hatte auf die Schritte vor der Stalltür geachtet. Doch plötzlich ging sie auf. Eine Hand mit einer brennenden Öllampe schob sich herein. Gleich darauf folgte ein Fuß und schon stand die ganze Wirtin drinnen. „Ich bringe euch das versprochene Essen", lachte sie Maria und Josef an. „Und auch etwas Wein und Wasser. Sicher seid ihr halb verhungert und verdurstet nach der weiten Reise. Nehmt und lasst es euch schmecken."

Das ließen sich Maria und Josef nicht zweimal sagen. Dankbar griffen sie nach den Oliven und Gurken und dem frischen Schafs- und Ziegenkäse, den die Wirtin ihnen auf einem Holzteller mit ofenwarmem Fladenbrot angerichtet hatte.

Trotzdem war Maria aufgeregt. „Das Kind wird bald kommen, Josef. Ich spüre es schon. Hoffentlich geht alles gut."

„Gott ist mit uns", beruhigte Josef und legte eine Hand über die Augen, um noch einmal den prächtigen Stern über dem Stall zu betrachten. „Sieh nur, Maria, Gottes Stern ist da. Und ich bin ja auch bei dir und helfe dir."

Die drei Weisen bei König Herodes

Lange ritten die drei Weisen aus dem Morgenland dem glänzenden Stern hinterher, bis sie nach Jerusalem kamen. „Hier muss es sein", meinten sie. „Wir sind wohl am richtigen Ort angekommen. Dort, in dem großen Palast, regiert Herodes, der König von Israel. Vielleicht hat er einen Sohn bekommen, den neuen König?"

„Öffnet!", riefen sie den Wachen vor dem Palasttor zu. „Wir kommen aus dem Morgenland. Wir wollen den neuen König begrüßen."

„Welchen neuen König?", wunderten sich die Wachen. Trotzdem ließen sie die drei Weisen herein. Einer winkte einen Knecht herbei, der die Kamele in den Stall brachte. Ein anderer führte die drei Weisen in einen großen Saal. „Wartet hier", befahl er.

Nach einer Weile brachte ein Diener die drei Weisen zu König Herodes. Er saß auf seinem Thron und blickte ihnen fragend entgegen. „Es heißt, ihr sucht einen neuen König?"

Die drei Weisen verbeugten sich, wie es sich vor einem König gehörte. „Wir sind Sterndeuter aus dem Morgenland", stellten sie sich vor. „Die Sterne haben uns vorausgesagt, dass hier ein neuer König geboren wird."

König Herodes lachte. „Dann haben eure Sterne gelogen, ihr Weisen. Ich allein bin der König von Israel. Und einen neugeborenen Sohn habe ich nicht."

Tuschelnd steckten die drei Weisen die Köpfe zusammen. „Dann wollen wir nicht länger stören", entschuldigten sie sich. „Erlaube uns, dass wir gleich wieder gehen. Wir haben uns wohl verirrt."

Doch so schnell ließ König Herodes die drei Weisen nicht ziehen. „Setzt euch mit mir zu Tisch", lud er sie ein, „und erzählt mir von diesem neuen König. Wenn er tatsächlich hier auf die Welt gekommen ist, will ich ihn auch begrüßen."

Das konnten die drei Weisen gut verstehen. Höflich nahmen sie an der Tafel des Königs Platz und erzählten ihm alles, was sie wussten.

noch 9 Tage bis Weihnachten

König Herodes befragt seine Berater

Bald ließ König Herodes seine Berater und seine eigenen Sterndeuter zu sich kommen. Zornig befahl er ihnen, sich in einer Reihe vor ihm aufzustellen. „Was musste ich da von diesen drei Weisen aus dem Morgenland erfahren?", schrie er sie an. „In Israel, in meinem Königreich, wurde ein neuer König geboren? Warum habt ihr Dummköpfe das nicht herausgefunden? Wofür bezahle ich euch, wenn ihr doch nichts könnt?"

Die Berater und Sterndeuter zogen die Köpfe ein. Sie kannten ihren König. Wenn er brüllte wie ein hungriger Löwe, machte man sich am besten so klein wie möglich. Der König sah die Angsthasen einen nach dem anderen an. „Macht euch an die Arbeit", befahl er. „Aber flott! Ich will alles über diesen neuen König wissen. Findet alles über diesen seltsamen Stern heraus, von dem diese drei Weisen aus dem Morgenland berichtet haben. Und wo das Kind geboren ist. Ich muss es wissen. Auf der Stelle!"

Die Berater und Sterndeuter verbeugten sich bis auf den Boden. „Wir werden alles tun, was wir können, Herr König", versprachen sie. Dann liefen sie schleunigst davon.

Sie studierten die heiligen Schriften und die Sterne. Sie befragten die klügsten Leute im Königreich. Sie berieten sich untereinander. Und sie sprachen stundenlang mit den drei Weisen aus dem Morgenland.

Am Ende traten sie wieder vor König Herodes und berichteten: „Wir haben herausgefunden, dass weise Männer vor vielen Hundert Jahren vorausgesagt haben, dass eines Tages ein Kind in Bethlehem geboren werden wird. Dieses Kind soll Gottes Sohn sein. Und man sagt, dass sein Königreich unendlich ist."

König Herodes hätte am liebsten gelacht. Ein Kind, das in Bethlehem zur Welt kommen würde, sollte Gottes Sohn sein? So etwas Komisches hatte er ja noch nie gehört. Das konnte er einfach nicht glauben.

Aber die drei Weisen aus dem Morgenland schienen es zu glauben. Sie wirkten ganz aufgeregt und wollten sofort weiter nach Bethlehem. Vielleicht war ja doch etwas Wahres an dieser verrückten Geschichte dran?

Grübelnd sah Herodes die drei Weisen an. Was sollte er jetzt tun? Sollte er sie ins Gefängnis werfen lassen? Aber was würde dann mit dem neuen König? Womöglich gab es ihn ja doch? Und was dann? Angst kroch in Herodes' Herz. Vielleicht würde der neue König das Volk Israel so stark machen, dass es Herodes und die Römer vertreiben würde? Dann würde der Kaiser Herodes bestrafen. Das durfte auf keinen Fall passieren.

Unruhig schritt Herodes auf und ab.

17. Dezember

König Herodes fasst einen hinterlistigen Plan

Die drei Weisen merkten, dass König Herodes nicht wusste, ob er seinen Beratern und Sterndeutern glauben sollte oder nicht. Deshalb bekamen sie Angst, dass er auch ihnen nicht glauben und sie vielleicht nicht mehr fortreiten lassen würde. Wenn er wollte, konnte er sie für immer einsperren. Das durfte nicht geschehen. Sie waren so weit gereist, um den neuen König zu finden. Und jetzt wussten sie sogar den Ort, in dem er geboren werden würde: Bethlehem. Ein kleines Dorf auf einem Hügel ganz in der Nähe von Jerusalem. In ein, zwei Stunden konnten sie dort sein und endlich das Kind begrüßen. Sie mussten König Herodes überreden, sie so schnell wie möglich fortzulassen. Nur wie?

In diesem Moment hatte Melchior eine Idee. Mutig fasste er sich ein Herz und beugte sich auf seinem Sitzkissen zu König Herodes vor. „Du bist wirklich klug, Herr“, sprach er und schaute ihn bewundernd an. „Du weißt, dass ein König nicht alles glauben darf, was man ihm sagt. Das ist gut und weise. Ein König darf keine Fehler machen. Niemand darf über den König lachen.“

König Herodes strich sich wohlgefällig den Bart. Solche Schmeicheleien hörte er gern. Melchior rückte noch ein wenig näher an ihn heran. „Wenn du deine eigenen Leute nach Bethlehem schickst und sie nichts finden, spotten alle über dich. Aber wenn wir drei aus dem Morgenland dort keinen neugeborenen König finden, lachen die Leute nur über uns. Das ist nicht schlimm. Doch wenn wir das Kind finden und es dir sagen, werden dich alle loben.“

König Herodes streichelte noch immer seinen Bart und dachte: „Er hat recht. Sollen doch diese drei den neuen König suchen. Und falls es ihn gibt, dann schnappe ich ihn mir. Es darf keinen anderen König neben mir geben.“

„Einverstanden“, sagte er laut und gab den drei Weisen ein Zeichen mit der Hand, dass sie aufstehen und gehen dürften. „Von mir aus könnt ihr nach Bethlehem reiten. Aber kommt wieder, wenn ihr den neuen König gefunden habt. Ihr wisst, auch ich will den neuen König besuchen und ihn reich beschenken.“

Das versprachen die drei Weisen gern. „Auf dem Rückweg kommen wir zu dir. Dann sollst du alles erfahren, was wir wissen.“ Einmal noch küssten sie dem König die Hand. Dann machten sie es sich auf ihren Kamelen bequem und ritten eilig los.

Ein Engel erscheint den drei Weisen im Traum

Bald hatten die drei Weisen den Palast und die Stadtmauern Jerusalems hinter sich gelassen. Die Kamele hatten sich in dem königlichen Stall gut ausgeruht. Satt und frisch getränkt schwangen sie die Beine, dass die drei Reiter nur so in ihren Sattelkissen schwankten. Die drei Weisen waren überglücklich. Bald würden sie dem neuen König begegnen! Im herrlichen Licht des Wundersterns konnten sie ein kleines Dorf auf einem Hügel erkennen.

„Bethlehem", riefen die drei Weisen fast gleichzeitig. „Dort ist es!", und sie zeigten mit dem Finger auf die Häuser, die im Sternenglanz zu erkennen waren.

Mit ihren Reitgerten gaben sie den Kamelen ein Zeichen, noch schneller zu laufen. Doch kaum hatten sie einen Olivengarten erreicht, durch den sie hinauf nach Bethlehem reiten mussten, wurden die drei Weisen plötzlich furchtbar müde.

„Lasst uns ein wenig rasten", meinten sie und zogen die Kamele mit sich in eine Höhle hinein. Sie banden die Tiere fest und warfen ihnen einen Armvoll frisches Gras zum Fressen hin. Dann legten sie sich auf ihren Reitteppichen zur Ruhe.

Kaum aber waren sie eingeschlafen, hatten alle einen seltsamen Traum. Ein Fremder erschien darin. Er war groß und trug ein leuchtend helles Gewand. Licht strahlte von ihm aus. Und als er sprach, erklang seine Stimme wunderbarer als jede andere, welche die drei Weisen jemals vernommen hatten. „Seht, ich bin ein Engel und wurde von Gott zu euch geschickt. Bald werdet ihr das Kind Gottes finden. Danach aber sollt ihr nicht zu König Herodes zurückkehren. Ihr dürft ihm nichts über das Kind verraten. Nehmt einen anderen Weg nach Hause zurück." Mit diesen Worten verging das Licht, das die drei Weisen im Traum erblickt hatten, und der Engel verschwand.

Als die drei Weisen die Augen aufschlugen, war es Nacht. Und der Riesenstern stand hell und klar am Himmel.

„Habt ihr auch von einem Engel Gottes geträumt?", fragte der älteste der drei Weisen die beiden anderen. „Ja", riefen diese und sie erzählten sich gegenseitig, was sie im Traum gehört und gesehen hatten.

„Dann ist es wahr", meinten sie. „Gott hat uns seinen Engel geschickt. Wir wollen tun, was er uns befohlen hat."

Ein Engel kommt zu den Hirten aufs Feld

„Hört ihr das?“, rief einer der Hirten und zeigte auf den Stall mit den Schafen. „Hört ihr, wie die Tiere blöken? Mäh, Mäh, Mäh. So haben sie sich ja noch nie benommen.“

„Sie merken bestimmt auch, dass diese Nacht nicht wie alle Nächte ist“, meinte ein anderer Hirte. „Dieser komische Stern ist so hell. Bei so viel Licht können nicht einmal die Schafe schlafen.“

Wieder ein anderer Hirte lachte. „Macht es doch einfach so wie ich. Zieht euch eure Decken über den Kopf, dann seht ihr nichts mehr.“

„Ja, deckt euch nur zu und schlaft“, sagte der Hirte, der am dichtesten beim Lagerfeuer saß. „Ich bleibe wach und passe auf. Falls die Wölfe kommen, wecke ich euch.“

Bald schon schnarchte es unter den dicken Schafspelzen hervor, unter die sich die Hirten verkrochen hatten. Nur der Hirte am Feuer fühlte keine Müdigkeit. Er konnte seinen Blick nicht von dem wundersamen Stern am Himmel abwenden. Doch plötzlich spitzte er die Ohren. War da nicht ein seltsames Geräusch in seiner Nähe? Es hörte sich an wie ein Knistern im trockenen Gras oder wie ein Rauschen in der Luft oder wie leise, leise Schritte auf nackten Füßen.

„Wölfe!“, dachte der Hirte und sprang auf der Stelle mit einem so lautem Schreien auf, dass auch die anderen Hirten sofort erwachten und nach ihren Hirtenstäben griffen.

Aber da waren keine Wölfe. Ein Fremder war gekommen. Groß und mächtig stand er da. Sein langes Gewand leuchtete weiß. Und ein Strahlen ging von ihm aus, als würde ein Feuer um ihn herum brennen.

Erschrocken warfen sich die Hirten vor dem Fremden auf die Knie und hielten sich angstvoll die Augen zu. „Wer bist du? Was willst du von uns?“, wagte einer von ihnen zu fragen.

Da erhob der Fremde seine Stimme und sprach: „Fürchtet euch nicht. Ich bin ein Engel. Und Gott hat mich zu euch geschickt.“

20. Dezember

Die Botschaft des Engels

Die Stimme des Engels klang sanft und stark zugleich und so liebevoll und schön, dass die Hirten ihr am liebsten für immer zugehört hätten. Sie verspürten gar keine Angst mehr, sondern nahmen die Hände von den Augen und blickten den Engel voller Bewunderung an.

Der Engel lächelte. „Gott hat mich zu euch geschickt“, wiederholte er seine Botschaft. Dabei breitete er die Arme aus, als wollte er die Hirten und zugleich die ganze Welt umfangen. „Ich soll euch eine große Freude verkünden. Und ihr Hirten sollt sie überall weitersagen, denn jeder soll davon erfahren, damit alle Menschen sich darüber freuen.“

Eifrig nickten die Hirten. Sie spürten das Licht des Engels auf ihren Gesichtern und fühlten sich Gott ganz nah. Der Engel lächelte noch einmal. „Nun freut euch, ihr Hirten, denn heute ist Gottes Sohn geboren. Er bringt euch und allen Menschen Gottes Liebe und Frieden für die Welt. Geht hinunter nach Bethlehem. Dort werdet ihr das Kind finden. Es ist in Tücher gewickelt und liegt in einer Krippe im Stall.“

Die Hirten fielen sich jubelnd in die Arme. „Gottes Sohn ist geboren! Gottes Sohn ist geboren!“, riefen sie sich gegenseitig immer wieder zu.

Der Engel stand ganz still. Doch plötzlich begann ein Funkeln und Leuchten und Strahlen um ihn herum, als hätte der Riesenstern am Himmel lauter Sternschnuppen auf die Erde fallen lassen. Viele singende, klingende Stimmen fingen von irgendwo zu sprechen an. Sie beteten laut und lobten Gott und das Gotteskind. Und ihre Stimmen ertönten wie die schönsten Lieder.

Wenig später erkannten die Hirten, dass aus dem himmlischen Blinken und Blitzen viele neue Engel hervortraten und sich neben den ersten Engel stellten. Und als sie alle zusammenstanden, jubelten sie wie im Chor: „Ehre sei Gott in der Höhe und Friede auf Erden bei den Menschen, die Gott liebt.“

noch 4 Tage bis Weihnachten

Die Hirten gehen nach Bethlehem zum Stall

Als die Engel verschwunden waren, blieb nur der riesige Stern am Himmel zurück. Er leuchtete und funkelte in der Dunkelheit. Wie eine Krone aus Licht fiel der helle Schein über Bethlehem.

Die Hirten berieten untereinander, was nun geschehen sollte. Sie glaubten jedes Wort, das der große Engel ihnen verkündet hatte. Und sie spürten die große Freude in ihrem Herzen darüber, dass Gottes Sohn auf die Welt gekommen war. Am liebsten wären sie auf der Stelle ins Dorf gerannt, um das Kind Gottes zu finden und es mit eigenen Augen zu sehen. Aber ging das? Durften sie ihre Schafe einfach so allein lassen?

„Der Engel hat es befohlen", sagte einer. „Er ist zu uns Hirten gekommen, damit wir nach Bethlehem gehen."

„Ja, wir Hirten sind dazu ausgewählt. Wir sollen das Kind finden", sprach ein anderer.

„Und dann sollen wir allen Menschen sagen, dass Gottes Kind geboren ist", riefen sie durcheinander. „Weil es eine große Freude für die ganze Welt ist."

„Der Engel hat uns alle gemeint", stellten sie fest. „Gott will es. Das ist wichtiger als unsere Schafe. Außerdem stehen sie sicher im Stall. Die Wölfe können nicht hinein. Also lasst uns gehen und alles anschauen, was Gott uns durch den Engel verkündet hat."

Mit diesen Worten ergriffen die Hirten ihre langen Hirtenstäbe und machten sich bereit. Sorgfältig traten sie das Lagerfeuer aus. Es durfte keine Glut zurückbleiben. Der Wind hätte sonst Funken zum Stall blasen und ihn anzünden können. Das durfte nicht geschehen. Sie prüften ein letztes Mal, ob die Stalltür fest verriegelt war. Dann befahlen sie ihren Hunden, auf die Schafe aufzupassen. Das verstanden die klugen Tiere sofort. Gehorsam wedelten sie mit dem Schwanz und schauten den Hirten nach, die mit langen Schritten über die Weide davoneilten.

Die drei Weisen kommen nach Bethlehem

Die drei Weisen ritten auf ihren Kamelen durch Olivenhaine und über felsige Bergpfade. Manche Wege waren so steil und schmal, dass sie aus dem Sattel steigen und ihre Tiere an der Leine führen mussten. An einigen Stellen bekamen die Kamele so viel Angst, dass sie keinen Fuß mehr vor den anderen setzen wollten. Aber die drei Weisen gaben nicht auf. Sie zerrten an den Leinen und schoben die Tiere von hinten. Schritt für Schritt kamen sie vorwärts. Und endlich waren sie da.

Still lag Bethlehem vor ihnen. Das Tor in der Schutzmauer war geschlossen. Nur ein kleines Laternenlicht flackerte auf dem Sims eines schmalen Fensterchens neben dem Tor. „Wache, mach auf!", befahlen die drei Weisen mit lauter Stimme. „Wir kommen aus dem Morgenland und wollen den neugeborenen König sehen."

Der Wächter streckte verschlafen den Kopf zum Fenster heraus. „Hier gibt's keinen König. Verschwindet!", wollte er schimpfen. Doch als er die vornehmen Gewänder und die großen Kamele der Fremden sah, traute er sich nicht, so unfreundlich zu sein. „Von mir aus, kommt rein", brummte er so nett wie möglich und öffnete das Tor. „Aber das kostet doppeltes Eintrittsgeld. Immerhin ist es mitten in der Nacht."

Die drei Weisen hatten keine Lust, um Geld zu streiten. Sie zogen ein paar Münzen aus ihren Geldbeuteln und schenkten dem Wächter sogar eine davon. „Vielen Dank, die Herren. Vielen Dank, die Herren", rief dieser und verbeugte sich immer noch ein ums andere Mal, als die drei Weisen längst um eine Hausecke verschwunden waren.

„Mmh, wo mag das Kind wohl geboren sein?", fragten sich die drei Weisen und blickten sich in der finsteren Gasse vor der Herberge um. Alle Häuser waren dunkel. Kein Mensch war zu sehen. Nur ein Hund bellte, der wohl von den fremden Stimmen im Ort geweckt worden war. Einzig aus einer Ecke hinter der Herberge schimmerte ein Licht.

Die drei Weisen fühlten ihr Herz klopfen. „Da ist es. Dort muss es sein", flüsterten sie sich zu und folgten dicht hintereinander dem Lichtstrahl, der sie führte.

Jesus ist geboren

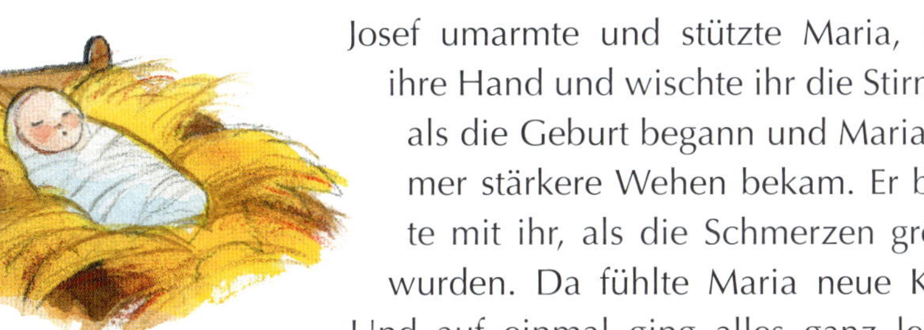

Josef umarmte und stützte Maria, hielt ihre Hand und wischte ihr die Stirn ab, als die Geburt begann und Maria immer stärkere Wehen bekam. Er betete mit ihr, als die Schmerzen größer wurden. Da fühlte Maria neue Kraft. Und auf einmal ging alles ganz leicht. Nur eine Wehe noch und Gottes Sohn war da. Freudig nahm Josef ihn auf und legte ihn in Marias Arme. „Jesus", flüsterte sie zärtlich und drückte das Kind an ihr Herz. Behutsam wusch sie ihn mit warmem Wasser, das Josef in einem Eimer in der Herberge bei der netten Wirtsfrau geholt hatte. Dann wickelte Maria ihr Kind in die Tücher, die sie von zu Hause mitgebracht hatte, und stillte Jesus zum ersten Mal.

Immer wieder streichelte sie über den winzigen Kopf an ihrer Brust und legte schützend ihren Mantel um das Kind. „Sieh nur, wie süß er ist", flüsterte sie glücklich und strahlte Josef an. „Ich freue mich so, dass Gott ihn uns geschenkt hat."

„Schade, dass wir hier nicht einmal ein richtiges Bett für ihn haben", murmelte Josef und dachte an das Kinderbettchen, das er für Jesus gebaut hatte. Doch Maria schüttelte den Kopf und gab zuerst ihrem kleinen Jesus und dann Josef einen Kuss. „Das macht doch nichts. Wir nehmen einfach die Futterkrippe. Der Ochse und unser Esel sind sowieso schon satt und brauchen sie nicht mehr."

„Meinst du wirklich?", fragte Josef und begann schnell, die Krippe mit Stroh auszureiben und frisches, duftendes Heu hineinzulegen, bis sie ganz weich gepolstert war.

„Schau, Josef, jetzt breiten wir noch ein frisches Tuch über das Heu und schon ist das Bettchen fertig", sagte Maria und legte ihren kleinen Sohn ganz vorsichtig hinein.

Jesus blickte seine Mutter aus großen Augen an und lächelte. „Siehst du, es gefällt ihm", murmelte Maria und kuschelte sich in Josefs Arm.

Maria war müde. Behutsam legte sie einen Zipfel ihres warmen Mantels über Jesus in der Krippe und nahm die winzige Kinderhand in ihre große. Dann fielen ihr die Augen zu.

Josef lehnte sich zwischen Ochs und Esel ins Stroh und blickte zum Himmel hoch. Der Stern breitete über dem Stall seine Strahlen aus. Funkelnd schwebte er auf seiner glänzenden Spur. „Ehre sei Gott in der Höhe", sagte Josef und dankte Gott.

24. Dezember

Jesus bekommt Besuch

Maria war kaum eingeschlafen, als plötzlich vier Hirten in den Stall hineinstürmten. Erschrocken sprang Josef auf und griff nach seinem Stab, um die fremden Männer zu verjagen. Auch Maria richtete sich angstvoll auf und versteckte blitzschnell ihren kleinen Sohn unter ihrem Mantel.

„Habt keine Angst. Wir tun euch nichts!“, riefen die Hirten und blieben andächtig vor Mutter und Kind stehen. „Ein Engel hat uns geschickt. Er kam zu uns auf die Weide und hat uns verkündet, dass wir in einem Stall das Kind Gottes finden. Es soll in Tücher gewickelt sein und in einer Krippe liegen. Und genau so ist es. Wir haben euch gesucht und gefunden. Bitte, lasst uns bleiben. Wir wollen das Kind Gottes anbeten und danach allen anderen Menschen von dieser großen Freude erzählen.“

Arm in Arm blieben Maria und Josef nebeneinander stehen und ließen zu, dass die Hirten im Stall blieben. Maria hielt ihren Sohn an ihrer Brust und wiegte ihn zärtlich hin und her. „Er heißt Jesus“, sagte sie und beugte sich ein wenig vor, damit die Hirten das Kind aus der Nähe sehen konnten.

„Das bedeutet Retter. Weil Gottes Sohn der Welt Frieden bringen wird“, flüsterten die Hirten und erzählten Maria und Josef ganz genau, was der Engel gesagt hatte. „Und jetzt ist alles ganz genau so gekommen.“ Voller Freude knieten die Hirten sich neben Maria und Josef ins Stroh, um dem Kind so nah wie möglich zu sein.

In diesem Moment betraten die drei Weisen den Stall und knieten sich leise dazu. „Wir sind drei Weise aus dem Morgenland“, stellten sie sich vor. „Wir haben den großen Stern gesehen und sind ihm gefolgt. Er hat uns von weit hergeführt. Wir sind gekommen, um das Kind Gottes zu sehen und anzubeten“, sagten sie, während das Licht des großen Sterns auf ihren mit Goldfäden, Silberkugeln, Perlen und Edelsteinen bestickten Gewändern funkelte.

Maria, Josef und die Hirten staunten. Neugierig blickten sie die drei Weisen an, die ihre mitgebrachten Geschenke auspackten und vorsichtig neben die Krippe ins Stroh legten. Die goldene Krone neben Jesus Kopf glänzte. Und als die drei Weisen die Weihrauchstückchen und Myrrheperlen in den Räuchergefäßen anzündeten, stieg duftender Rauch aus den feinen Löchern darin empor. Ein köstlicher Wohlgeruch breitete sich über der Krippe und im ganzen Stall aus. Und Jesus lächelte.

heute ist Heiligabend

Bibliografische Information der Deutschen Bibliothek
Die Deutsche Bibliothek verzeichnet diese Publikation in der Deutschen Nationalbibliografie; detaillierte bibliografische Daten sind im Internet über http://dnb.ddb.de abrufbar.

4. Auflage 2022

Printed by Leo Paper

ISBN 978-3-7806-0795-9